Verlassen Wassermelonen ihre Heimat freiwillig ?

Impressum:
2020 Anton Kleeewig
erste Auflage
Herausgeber: Anton Kleeewig
Autor: Anton Kleeewig
Umschlaggestaltung, Illustration: Anton Kleeewig
Lektorat, Korrektorat: Anton Kleeewig
Übersetzung: Anton Kleeewig
weitere Mitwirkende: Anton Kleeewig
Verlag & Druck: tredition GmbH, Halenreie 40-44, 22359 Hamburg

antonkleeewig@web.de
978-3-347-19087-0 (Paperback)
978-3-347-19088-7 (Hardcover)

Schwitzen die Blätter im Herbst die
(verschluckten) Sonnenstrahlen aus?

Schlafen die Wolken nachts?

Wollen die Bäume mal nicht hupfen?

Nordsee, Ostsee, Südsee und wohin verfloss
der Westsee?

9

Träumen Mathematiker in Formeln?

Wie viele Schritte haben meine Füße hinter
sich?

Gibt es eine deutsche Straße, die noch nie einen Unfall gesehen hat?

Wie klingt Heimat?

Waren Beine alle, als der Herr den
Schneemann (er-)schuf?

Können Klavierspieler auch Geige
träumen?

Träumen Musiker nach Noten
oder Klang?

Wer hat sich Sauna ausgedacht?

Kann ich nicht für einen Tag ein Schaf sein?

Warum hat Fußball 90 Minuten?

Sind beim absoluten fairplay die
Schiedsrichter arbeitslos?

Wie viele Straßen hat Nepal? Wie viele davon
Neapel?

Kann man die Wolken auch trinken?

Wie viele Nelken trinken die Inder
an einem Tag?

Wundern sich die Stadttauben, wie
menschenleer die Corona Stadt ist?

Würde Cello lieber Diät machen und
abnehmen?

Applaudiert der Schmetterling mit seinem
Flügelschlag die Natur?

Wie viele Stacheln machen eine Igel?

Kann sich die Giraffe eine Schleife im Hals machen?

Wer hat dem Schaf seine Stimme/Ton gegeben?

Hüpft der Frosch lieber im Wasser oder am Strand?

Wann lernt die Schildkröte auf zwei Beinen zu laufen?

Was wissen Fische über Pferde und andere
Waldtiere?

Wie schnell wäre die Schnecke, wenn sie aus
dem Haus ginge?

51

Geht der Winterschlaf auch im Schlafsack?

Muss der Mond regelmäßig voll sein?

Was meint Kaktus zum Thema Durst?

Sind Aubergine und Avocado verwandt?

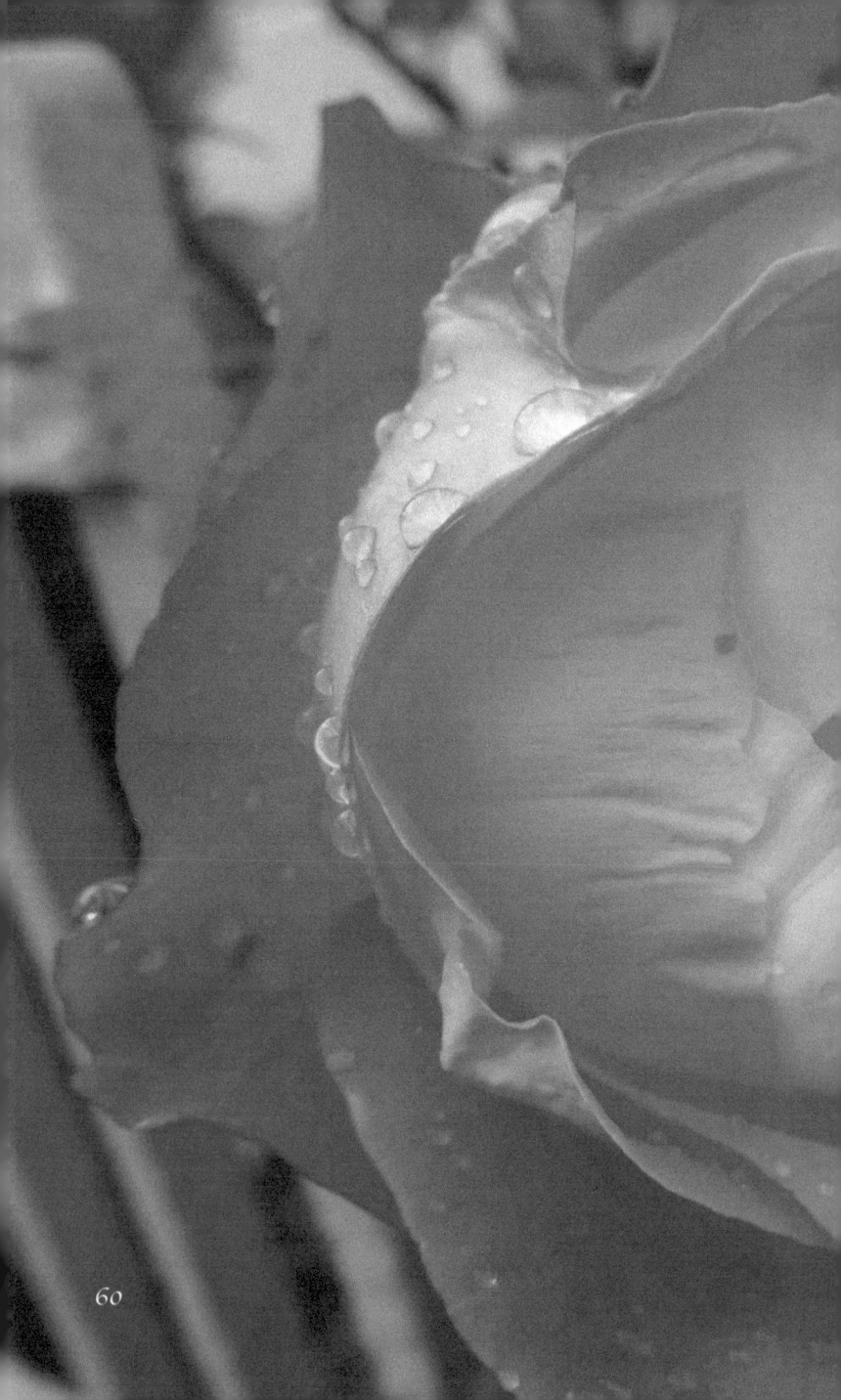

Weiß die Zukunft, dass wir kommen?

Wie viel Gedächtnis braucht das Glück?

Wie viel Gedächtnis verträgt das Glück?

Wie viele Frauen sind gerade
schwanger?

Wie lange möchte die Zitrone noch sauer
bleiben?

Wie viele Blätter braucht ein Pfirsichbaum?

Warum ziehen wir den Mais aus?

*Riecht/stinkt Knoblauch aus Leidenschaft
oder macht er nur seinen Job?*

74

Hat die Gerechtigkeit heutzutage eine
digitale Waage?

Lässt sich Ehrlichkeit anmalen, nicht mal
anschwärzen?

Darf ich auch am Wochenende
Fragen stellen?

Was mache ich, wenn die Fragen
ausgehen?

Warum verwelken Blumen, wenn sie
verkauft werden?

Sind die Vitamine per Los unter die Früchte
verteilt?

Ist Kiwi die Miniatur der Wassermelone?

Malen die Kinder uns Obst, wenn die
Obstbäume streiken?

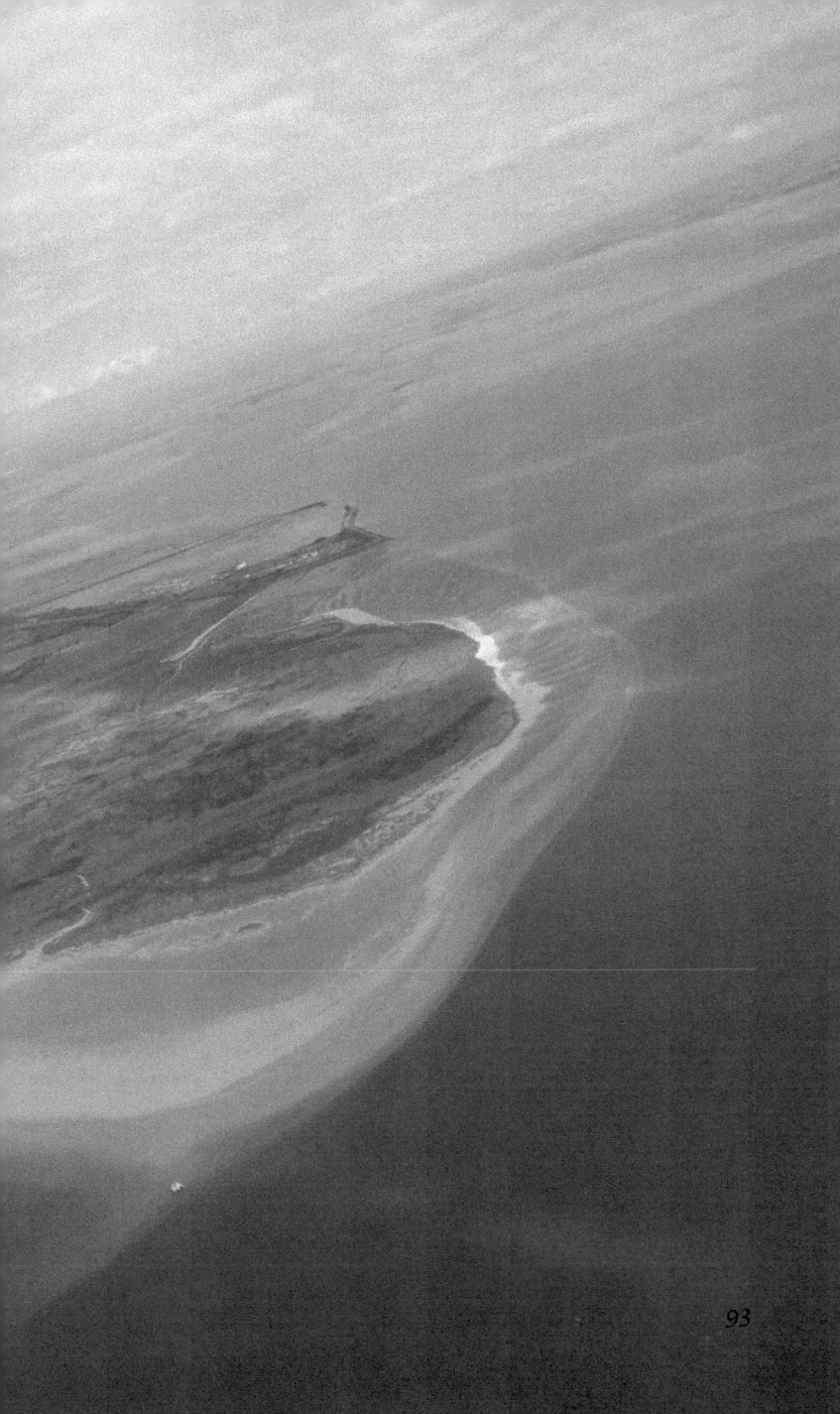

Sind Fische eher Schwimmer oder
Taucher?

Zahlen die Vögel Sonnensteuer?

Können die schwäbischen Raben nicht
hoch krächzen?

Wie viel Honig schafft eine Biene in einem
Frühling?

Wie viele Kommas verträgt ein Satz?

Warum stelle ich Fragen, wenn ich keine
Antworten will?

Kennt die Armut auch eine Währung?

Ist die Wahrheit dement?

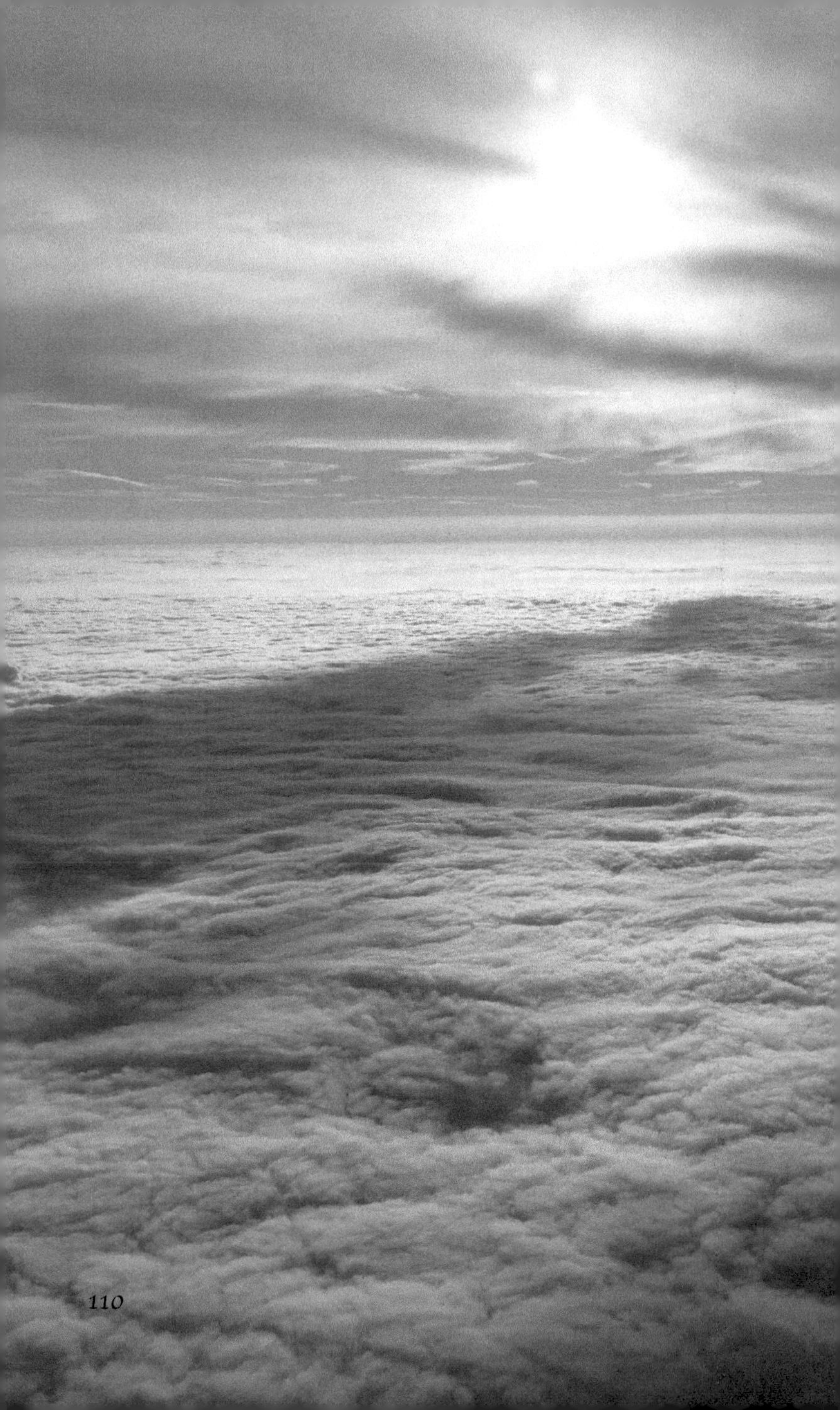

111

Hat Corona kein schlechtes Gewissen?

Wollen die Schuhe überhaupt dort hin, wohin ich sie trage?

Gehört die Vogelscheuche zur
Weltkulturerbe?

Braucht der Schneemann einen
(Regen-)Schirm, wenn es regnet?

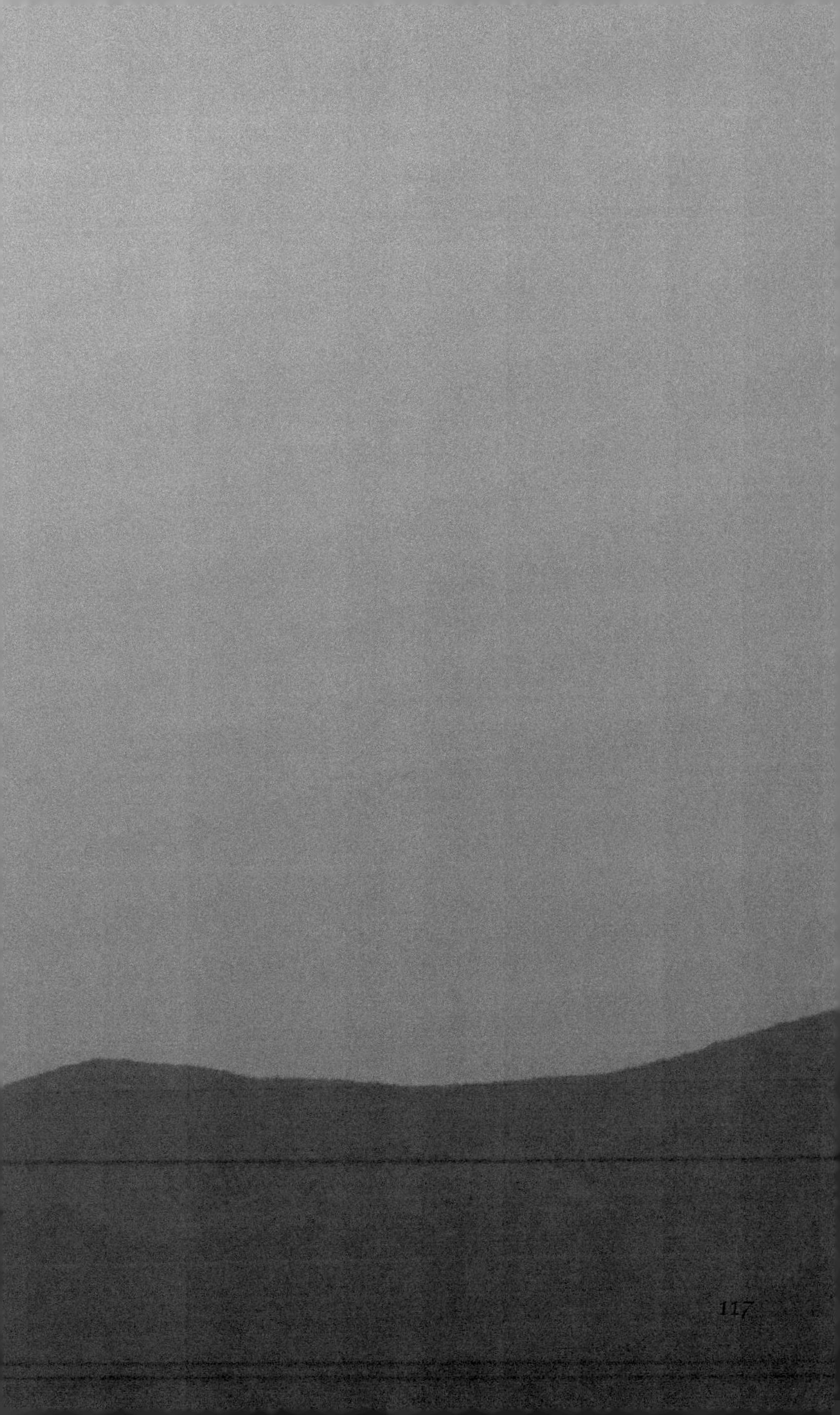

Können Pinguine Handstand?

Macht der Maikäfer lieber Sommer- oder
Winterurlaub?

Wie putzen sich Affen die Zähne?

Werden Schmetterlinge im Regen nass?

Wann geht der Teufel in Ruhestand?

Wo machen Engel Urlaub?

Kennt die Gebärdensprache auch
Dialekte?

Wie schmecken die Wolken?

Schmecken gepflückte Äpfel anders als frei Gefallene (Äpfel)?

Würde es auffallen, wenn die Erde stehen bleibt und die Sonne sich dreht?

Wie viele Kerzen machen einen Mond?

Was passiert, wenn die Sonne gähnt?

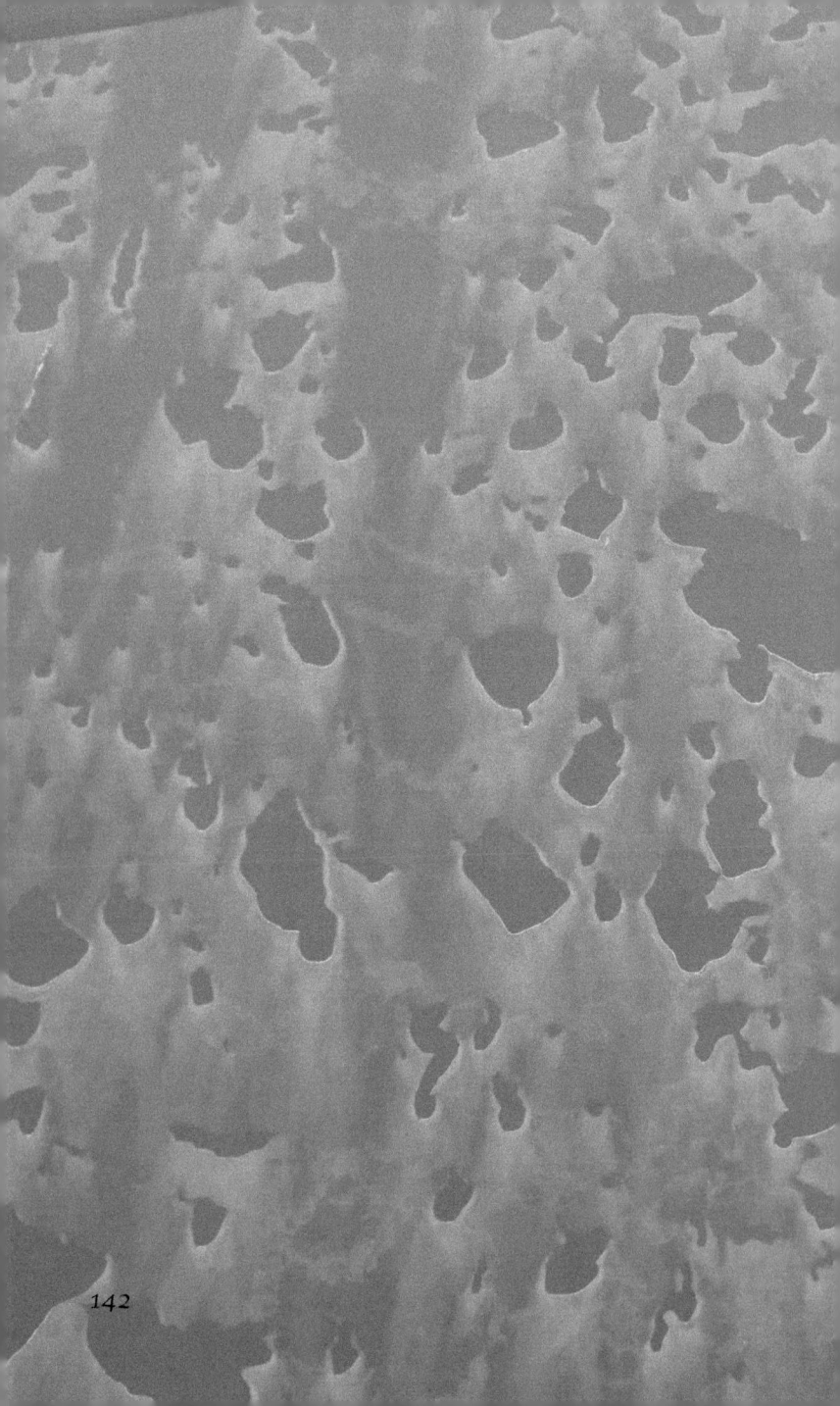

142

143

Wo ruht sich der Wind aus?

Möchte unser Winter inzwischen neue
Klamotten?

Gibt es auch gerade und ungerade
Nächte?

Hat sich der Schnee die Farbe weiß selbst
ausgesucht?

147

Bringen wir bald Kamele nach Alaska?

Wie viele Kühe hat Neuseeland?

Waren Zebras erst schwarz oder weiß?

Wäre die Biene lieber ganz gelb oder ganz schwarz?

Hat der Schneemann keine Frau, möchte er keine Familie?

Ist es Wasserverschwendung zu weinen?

Warum soll man nicht schreien?

Hat die Ewigkeit begonnen?

163

Versteht der Baum im Wald das
Alleinsein/die Einsamkeit überhaupt?

Ist Einsamkeit für den Baum im Wald ein
Fremdwort?

Was passiert, wenn die Erde sich nicht mehr
dreht?

Wollen Sonne und Mond sich immer noch
nicht sehen?

Müssen Vögel Eier legen, weil sie schwanger
nicht fliegen könnten?

Ist es Zufall, dass der Hase sowohl zwei lange
Zähne als auch zwei lange
Ohren hat?

Schlafen Flamingos immer auf demselben Bein?

Kann der Papagai alle Sprachen nachsprechen? (sogar schwäbisch?)

Sind Abend- und Morgendämmerung
Geschwister?

Warum ist der Wind unsichtbar?

Wie klingt die Nacht, wenn der Wald schnarcht?

Wie klingt die Nacht im Wald überhaupt?

Freut sich die Wiese eher über die Schafe,
Ziegen oder Kühe?

Wie viele Schneeflocken ist der Winter 2020
Deutschland schuldig geblieben?

Vertragen sich die griechischen und türkischen Wasserwellen um Zypern auch nicht?

Würden Wassermelonen ihre Heimat freiwillig verlassen?

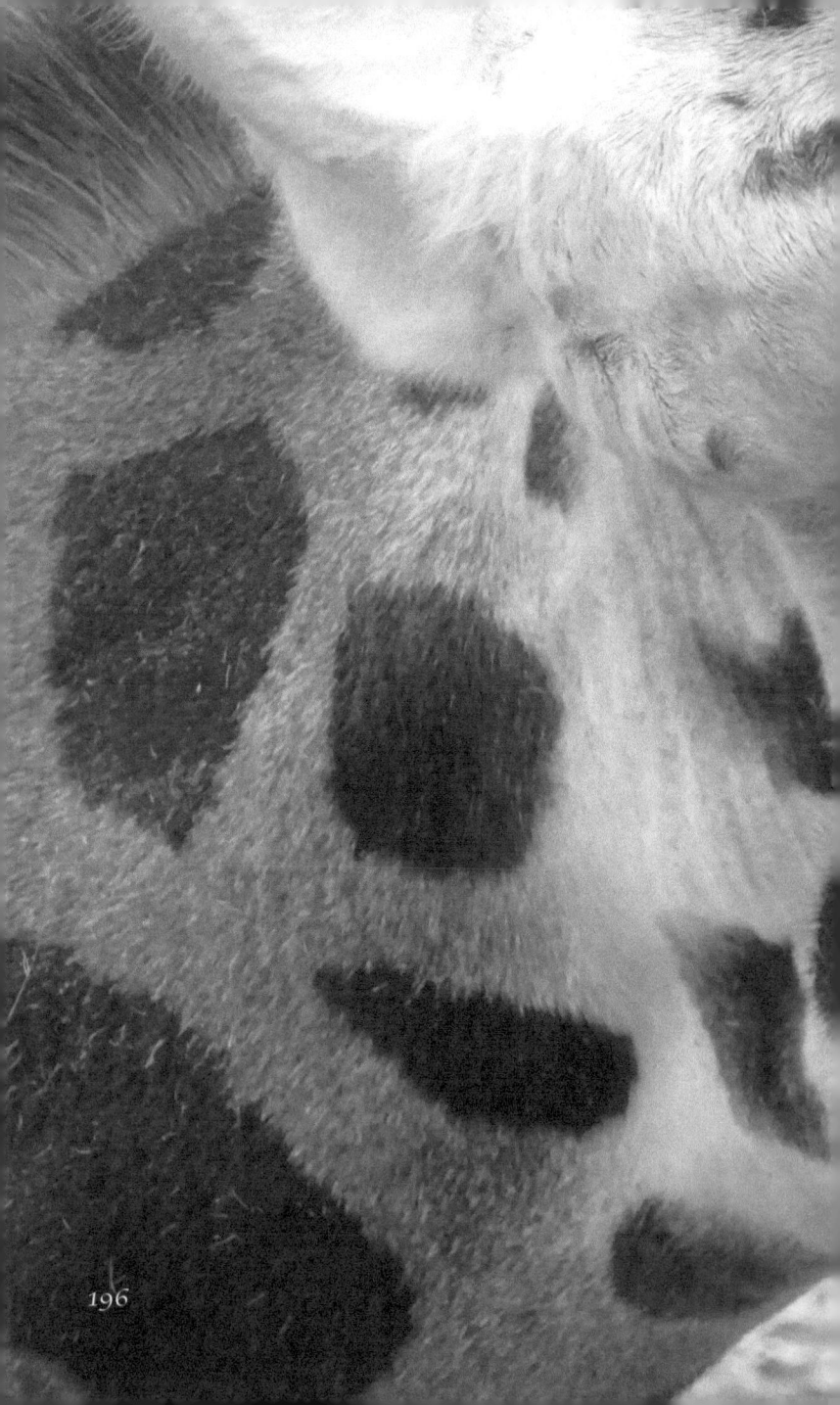

Kennen die Babys im Bauch selber ihr
Geburtsdatum?

Überrascht sie dann ein Kaiserschnitt?

Wie viele Weizenfelder backt ein Bäcker im Laufe seines Berufslebens?

Wie riecht die Farbe violett?

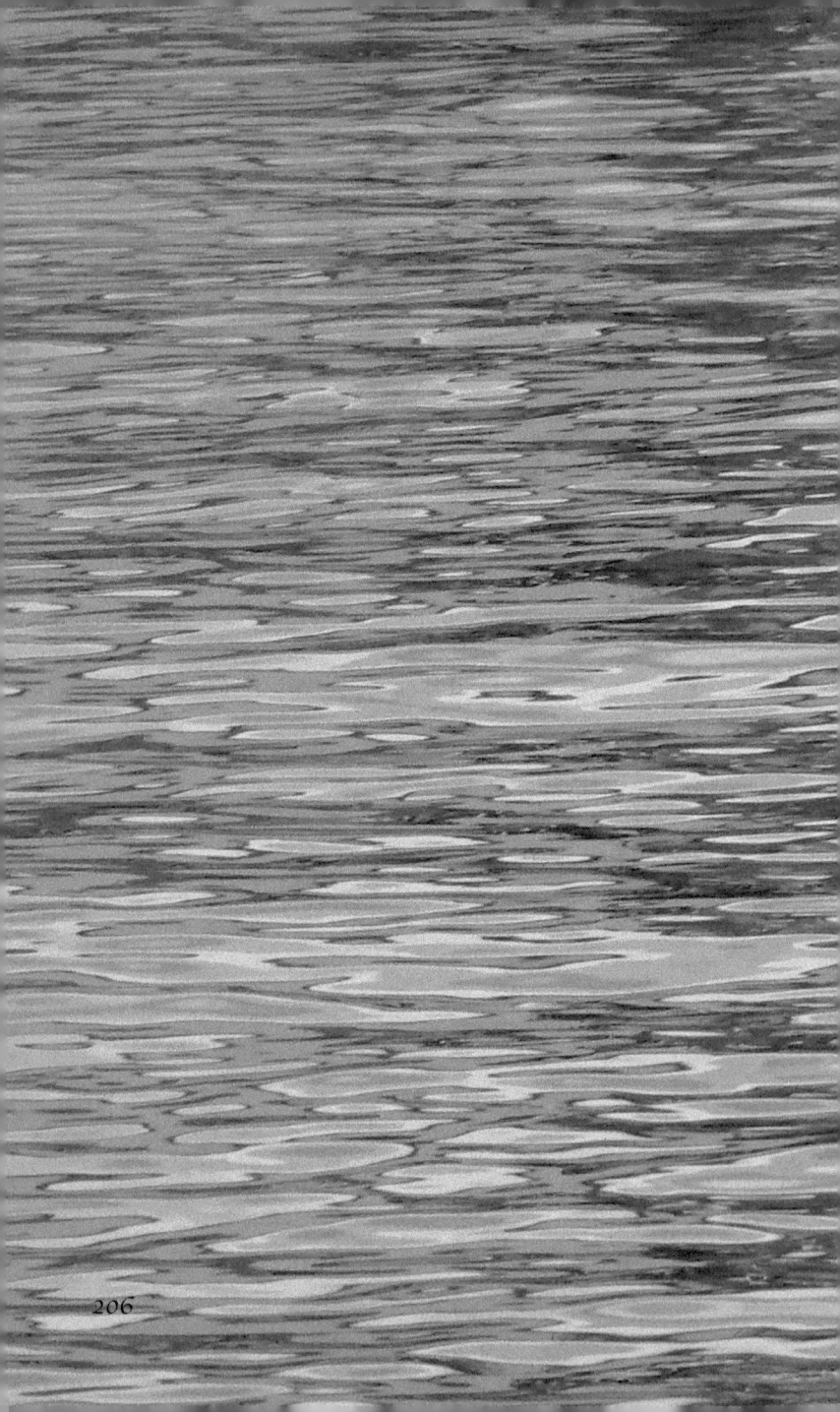

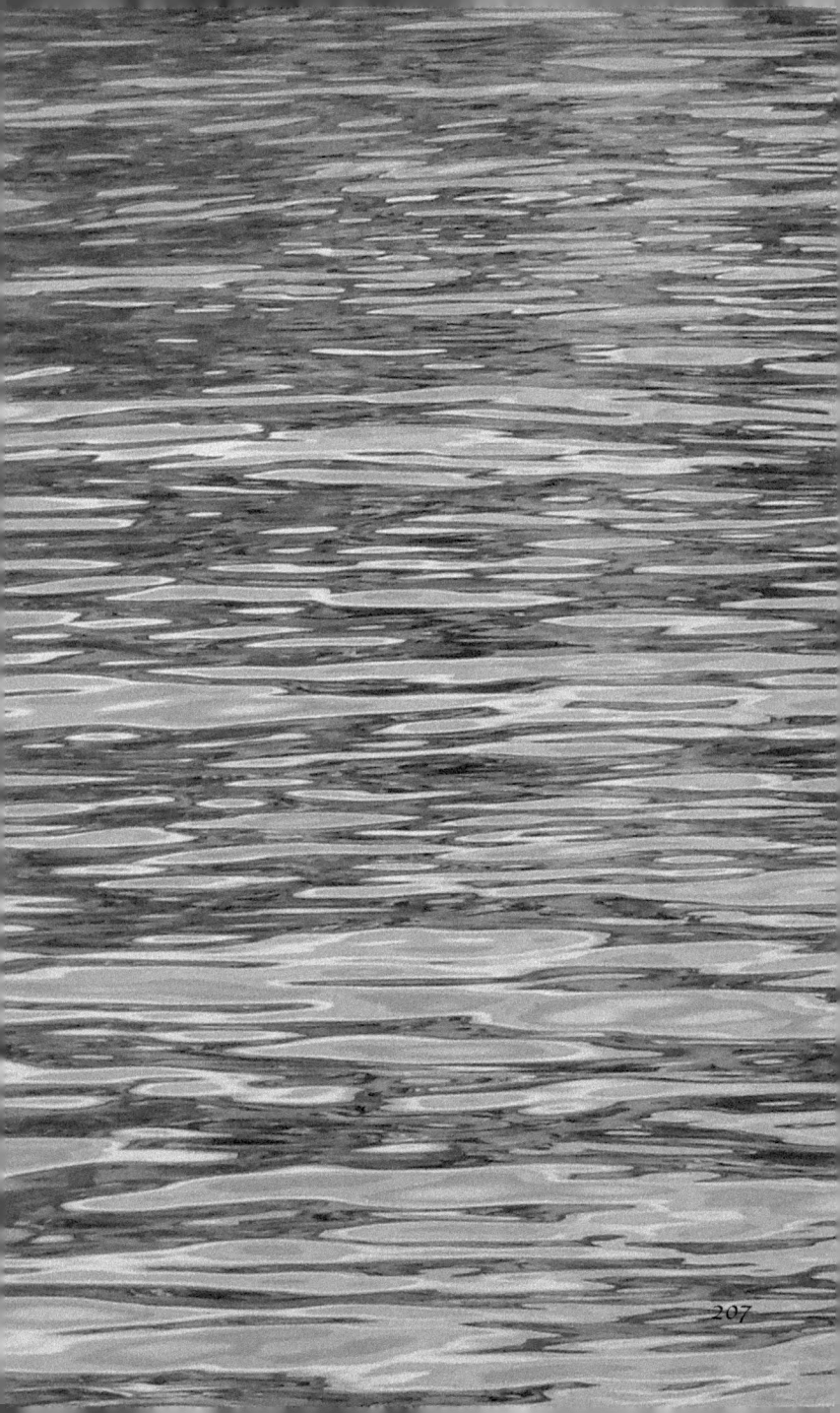

Öffnet die Drehtür linksrum oder rechtsrum?

Schweigen alle Sprachen gleich?

Hat die Geduld einfach nur ein anderes
Zeitgefühl?

Wie viele Konsonanten braucht ein Satz?

Wo pinkeln die Vögel?

Haben Vögel gemeinsame öffentliche Freiluft
Toiletten?

Warum ziehen die Vögel keine
Jacke an?

Wie oft küssen sich Pinguine in ihrem Leben?

219

Möchte der Regen in Gulli landen?

Wie schnell fließt der Nil?

Wie tief würde der Wasserspiegel sinken,
wenn alle Wale der Welt aus dem Wasser
stiegen?

Wie viele Farben braucht der Sommer?

Hat der Bambus in D noch immer
Fernweh/Heimweh?

Möchte der Kaffee lieber Tee sein?

Was machen Tomaten mit der grünen Farbe,
wenn sie erröten? Fragen sie die Banane?

Warum ist Zitrone sauer?

Wie viele Tagebücher sind nachts
geschrieben?

Landet der fliegende Teppich im
Wohnzimmer oder Gästezimmer?

Fragen wir die Hühner in welchem
Supermarkt ihre Eier verkauft werden
dürfen?

Sind Laptops Babycomputer?

Machen die Wolken den Himmel schwerer
oder leichter?

Wie viele Blumen hat der Frühling in
Sibirien?

Mischen Himmel und Meer ihre Farbe blau?

Haben Tannenbäume keinen Sinn für die
Jahreszeiten?

Was machen die Tomaten mit der Farbe grün,
wenn sie erröten? Fragen sie die Banane?
Wo machen Engel Urlaub? Ist die Wahrheit
dement? Warum hat Fussball 90 Minuten?
Kann ich nicht für einen Tag ein Schaf sein?
Merkt die Zukunft, dass wir kommen?
Anton Kleeewig präsentiert in seinem neuesten
Werk, erstmals eine
Fragensammlung, aufbereitet mit seinen eigenen
Fotografien.
Die Inspiration dazu fand er bei Pablo Neruda,
dessen Werke den Autor seit seiner Jugend
begleiten.
Es ist eine wunderbare Mischung aus
Phantasie, Poesie, Philosophie, Humor und
Lebensfreude. Er nimmt uns auf eine
phänomenale Entdeckungsreise durch das
(alltägliche) Leben.

Zeitfracht Medien GmbH
Ferdinand-Jühlke-Straße 7
99095 Erfurt, Deutschland
produktsicherheit@kolibri360.de